Impressum
Verlag: BABADADA GmbH, Nedderfeld 112 , 22529 Hamburg
Geschäftsführer / Verlagsleitung: Harald Hof
Druck: Books on Demand GmbH, In de Tarpen 42, 22848 Norderstedt

Imprint
Publisher: BABADADA GmbH, Nedderfeld 112 , 22529 Hamburg, Germany
Managing Director / Publishing direction: Harald Hof
Print: Books on Demand GmbH, In de Tarpen 42, 22848 Norderstedt

ysgol
école

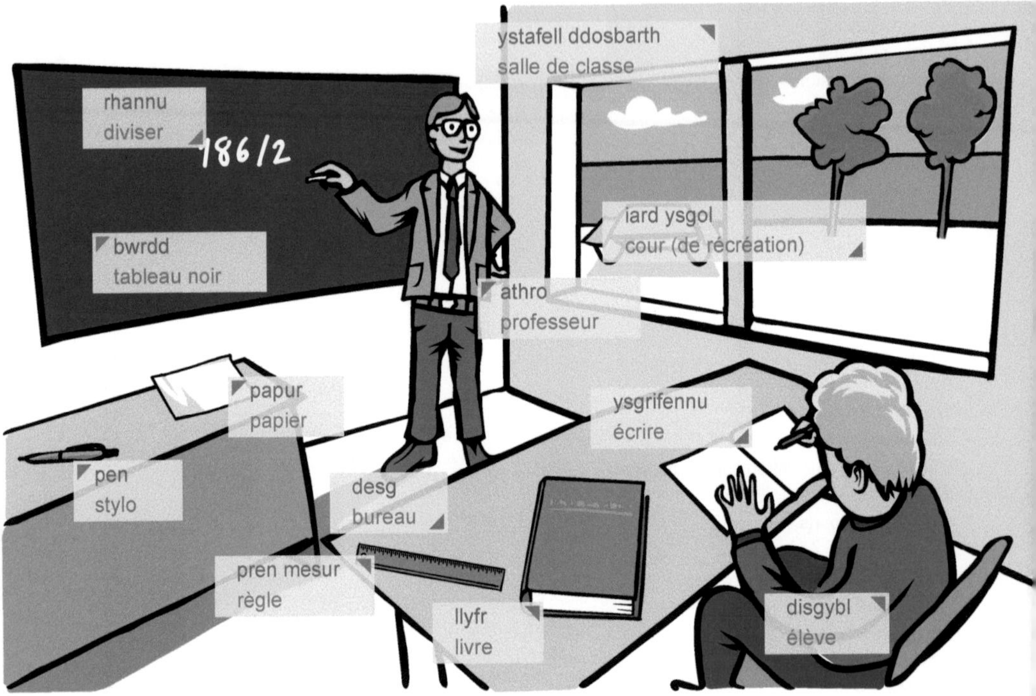

ystafell ddosbarth
salle de classe
rhannu
diviser
186/2
bwrdd
tableau noir
iard ysgol
cour (de récréation)
athro
professeur
papur
papier
ysgrifennu
écrire
pen
stylo
desg
bureau
pren mesur
règle
llyfr
livre
disgybl
élève

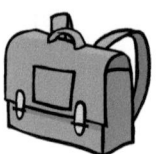

bag ysgol

cartable

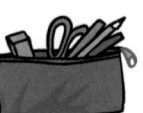

blwch penselau

trousse

pensil

crayon

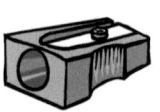

miniwr

taille-crayon

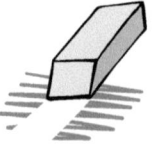

rwber

gomme

pad arlunio

carnet à dessin

draw

dessin

brws paent

pinceau

blwch paent

boîte de peinture

siswrn

ciseaux

glud

colle

llyfr ysgrifennu

cahier d'exercices

gwaith cartref

devoirs

rhif

chiffre

2+2

ychwanegu

additionner

tynnu

soustraire

lluosi

multiplier

cyfrifo

calculer

llythyren

lettre

gwyddor

alphabet

gair

mot

testun

texte

darllen

lire

sialc

craie

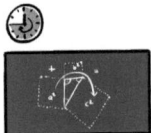

gwers

leçon

cofrestr

livre de classe

arholiad

examen

tystysgrif

certificat

gwisg ysgol

uniforme scolaire

addysg

formation

gwyddoniadur

lexique

prifysgol

université

microsgop

microscope

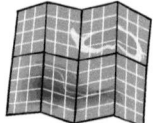

map

carte

basged papur gwastraff

corbeille à papier

ysgol - école

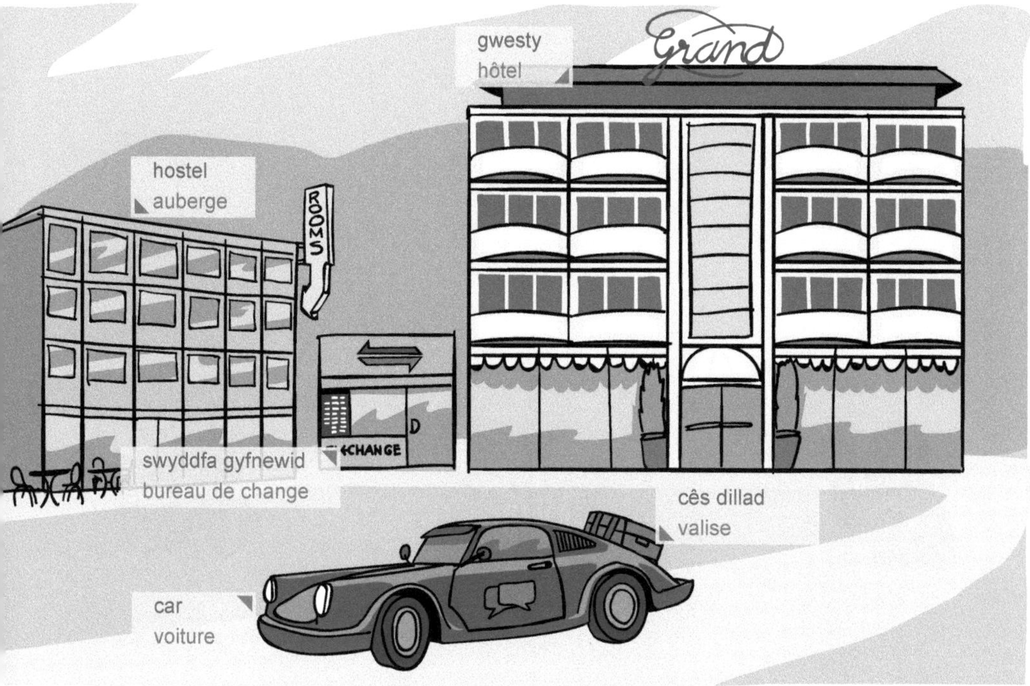

gwesty
hôtel
Grand
hostel
auberge
ROOMS
CHANGE
swyddfa gyfnewid
bureau de change
cês dillad
valise
car
voiture

iaith
langue

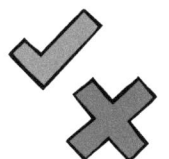

ie / na
oui / non

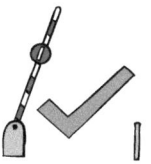

iawn
d'accord

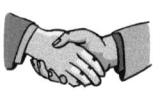

helo
Salut

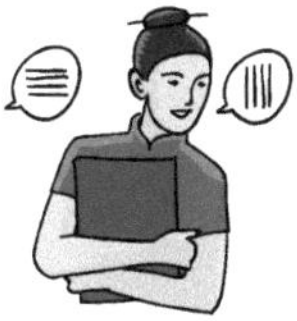

cyfieithydd
interprète

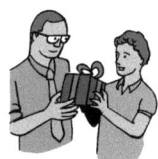

Diolch yn fawr
merci

faint yw ...?

Combien coûte...?

Dw i ddim yn deall

Je ne comprends pas

problem

problème

Noswaith dda!

Bonsoir !

Bore da!

Bonjour !

Nos da!

Bonne nuit !

hwyl

Au revoir

cyfarwyddyd

direction

bagiau

bagages

bag

sac

gwarbac

sac-à-dos

gwestai

hôte

ystafell

pièce

sach gysgu

sac de couchage

pabell

tente

gwybodaeth i ymwelwyr

office de tourisme

traeth

plage

cerdyn credyd

carte de crédit

brecwast

petit-déjeuner

cinio

déjeuner

swper

dîner

tocyn

billet

lifft

ascenseur

stamp

timbre

ffin

frontière

tollau

douane

llysgenhadaeth

ambassade

fisa

visa

pasbort

passeport

teithio - voyage

cludiant
transport

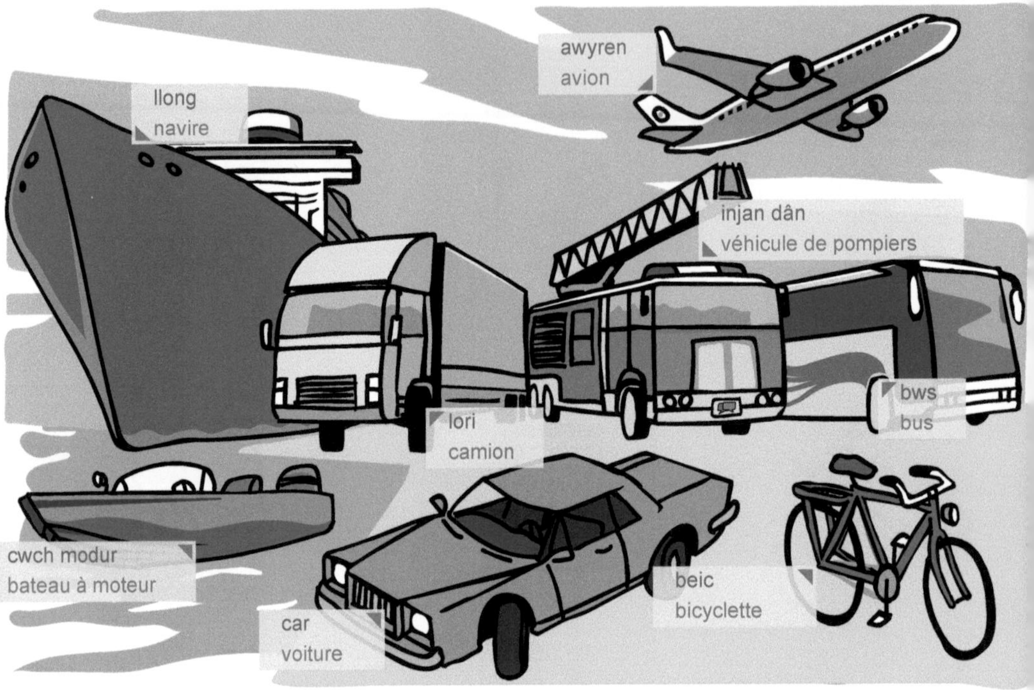

awyren
avion
llong
navire
injan dân
véhicule de pompiers
bws
bus
lori
camion
cwch modur
bateau à moteur
beic
bicyclette
car
voiture

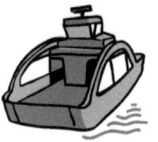

fferi

ferry

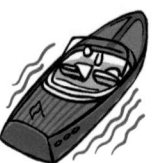

cwch

barque

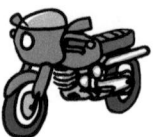

beic modur

moto

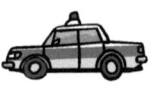

car yr heddlu

voiture de police

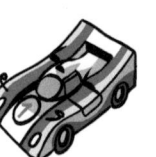

car rasio

voiture de course

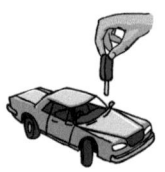

car wedi'i rentu

voiture de location

rhannu car

auto-partage

lori tynnu

voiture de remorquage

lori ysbwriel

benne à ordures

modur

moteur

tanwydd

essence

gorsaf betrol

station d'essence

arwydd traffig

panneau indicateur

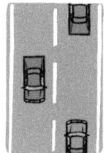

traffig

trafic

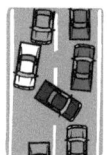

tagfa draffig

embouteillage

maes parcio

parking

gorsaf drennau

gare

traciau

rails

trên

train

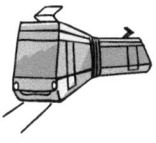

tram

tramway

wagen

wagon

hofrennydd

hélicoptère

maes awyr

aéroport

tŵr

tour

teithiwr

passager

cynhwysydd

conteneur

paced

carton

cert

chariot

basged

corbeille

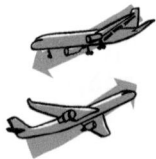

esgyn / glanio

décoller / atterrir

dinas

ville

pentref

village

canol y ddinas

centre-ville

tŷ

maison

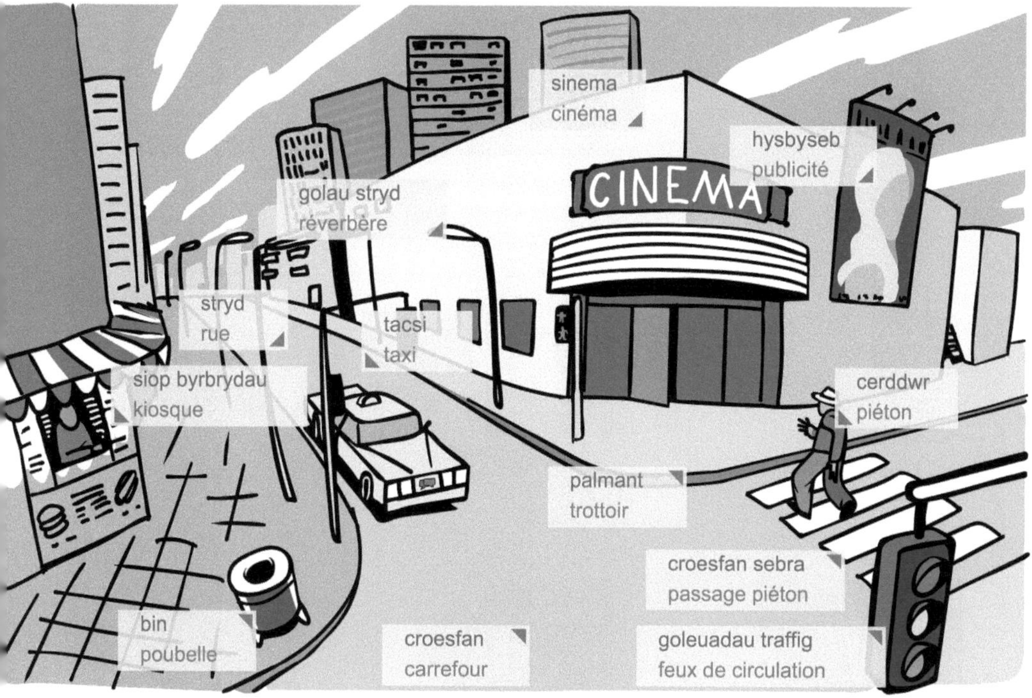

sinema
cinéma

hysbyseb
publicité

golau stryd
réverbère

CINEMA

stryd
rue

tacsi
taxi

cerddwr
piéton

siop byrbrydau
kiosque

palmant
trottoir

croesfan sebra
passage piéton

bin
poubelle

croesfan
carrefour

goleuadau traffig
feux de circulation

cwt
cabane

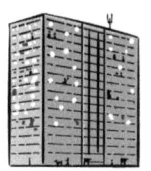

fflat
appartement

gorsaf drennau
gare

neuadd y dref
mairie

amgueddfa
musée

ysgol
école

dinas - ville

prifysgol

université

banc

banque

ysbyty

hôpital

gwesty

hôtel

fferyllfa

pharmacie

swyddfa

bureau

siop lyfrau

librairie

siop

magasin

siop flodau

fleuriste

archfarchnad

supermarché

farchnad

marché

siop adrannol

grand magasin

siop bysgod

poissonnerie

canolfan siopa

centre commercial

harbwr

port

parc
parc

banc
banque

pont
pont

grisiau
escaliers

rheilffordd danddaearol
métro

twnnel
tunnel

safle bws
arrêt de bus

bar
bar

bwyty
restaurant

blwch post
boîte à lettres

arwydd stryd
panneau indicateur

mesurydd parcio
parcmètre

sŵ
zoo

pwll nofio
piscine

mosg
mosquée

 fferm
ferme

llygredd
pollution

mynwent
cimetière

eglwys
église

maes chwarae
aire de jeux

teml
temple

tirwedd

paysage

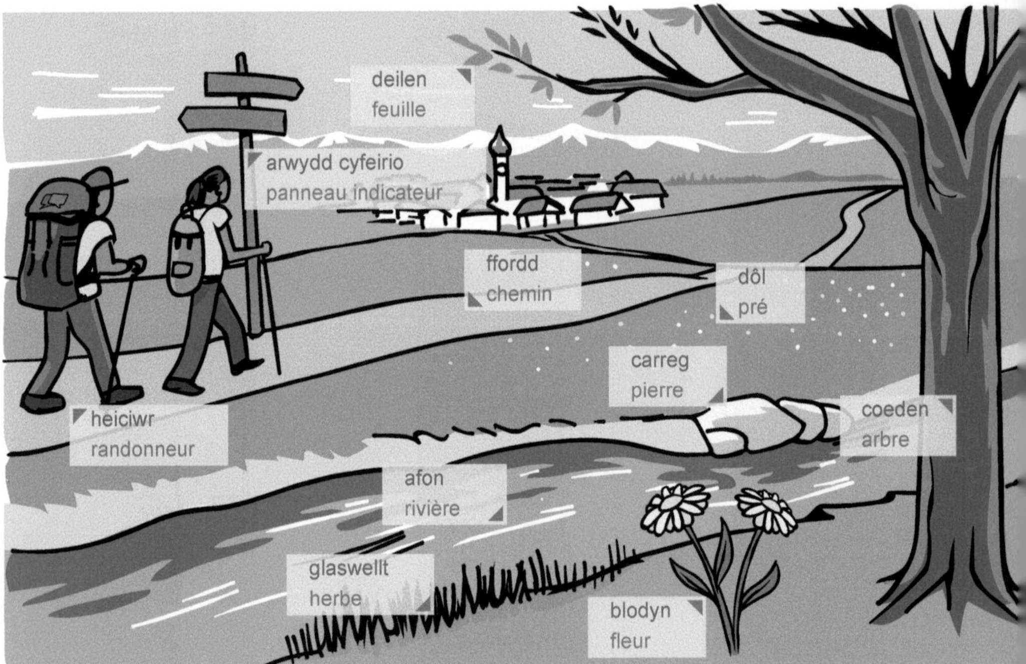

deilen
feuille

arwydd cyfeirio
panneau indicateur

ffordd
chemin

dôl
pré

carreg
pierre

coeden
arbre

heiciwr
randonneur

afon
rivière

glaswellt
herbe

blodyn
fleur

cwm

vallée

bryn

montagne

llyn

lac

coedwig

forêt

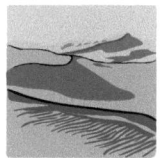

anialwch

désert

llosgfynydd

volcan

castell

château

enfys

arc-en-ciel

madarchen

champignon

palmwydden

palmier

mosgito

moustique

pryf

mouche

morgrugyn

fourmis

gwenyn

abeille

pryf copyn

araignée

chwilen

coléoptère

llyffant

grenouille

gwiwer

écureuil

draenog

hérisson

ysgyfarnog

lièvre

tylluan

chouette

aderyn

oiseau

alarch

cygne

baedd

sanglier

carw

cerf

elc

élan

argae

barrage

tyrbin gwynt

éolienne

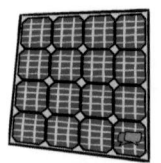

panel haul

panneau solaire

hinsawdd

climat

bwyty
restaurant

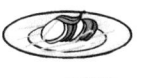

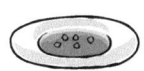

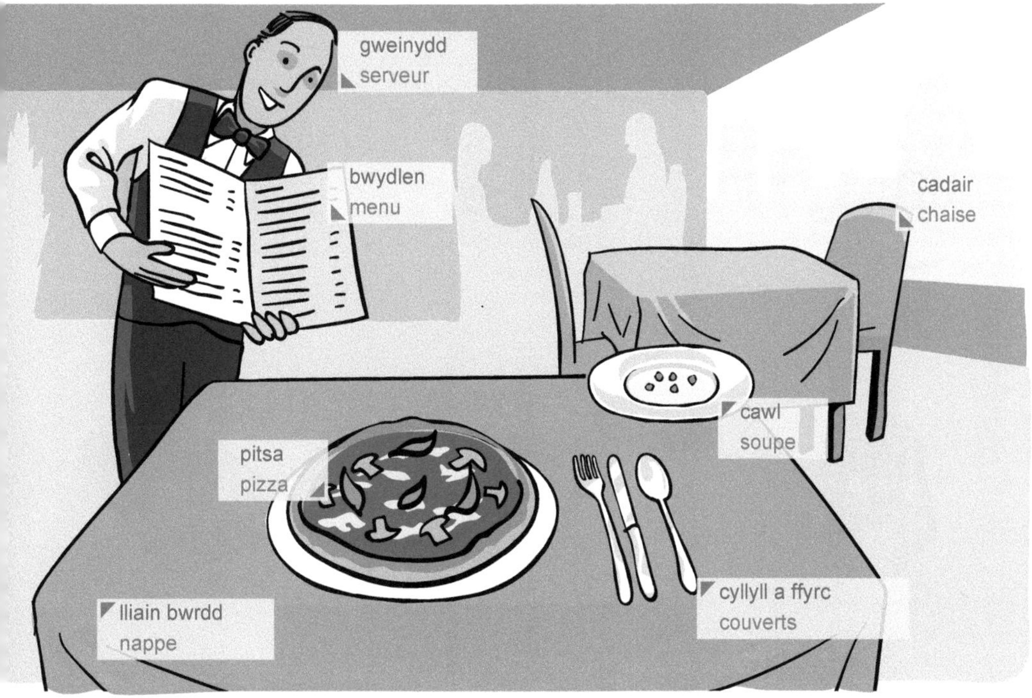
gweinydd
serveur
bwydlen
menu
cadair
chaise
cawl
soupe
pitsa
pizza
lliain bwrdd
nappe
cyllyll a ffyrc
couverts

cwrs cyntaf

hors d'œuvre

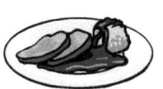

prif gwrs

plat principal

pwdin

dessert

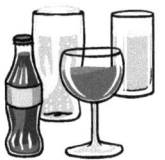

diodydd

boissons

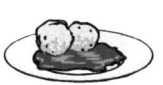

bwyd

alimentation

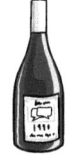

potel

bouteille

bwyd cyflym

fast-food

bwyd y stryd

plats à emporter

tebot

théière

powlen siwgr

sucrier

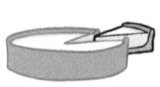

dogn

portion

peiriant espresso

machine à expresso

cadair plentyn

chaise haute

bil

facture

hambwrdd

plateau

cyllell

couteau

fforc

fourchette

llwy

cuillère

llwy de

cuillère à thé

napcyn

serviette

gwydr

verre

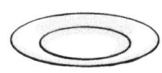

plât

assiette

plât cawl

assiette à soupe

soser

soucoupe

saws

sauce

pot halen

salière

melin bupur

moulin à poivre

finegr

vinaigre

olew

huile

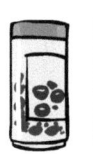

sbeisys

épices

saws coch

ketchup

mwstard

moutarde

mayonnaise

mayonnaise

archfarchnad
supermarché

cynnig arbennig
offre promotionnelle
FOR
cwsmer
client
cynnyrch llaeth
produits laitiers
ffrwythau
fruits
troli
chariot

BUTCHERS

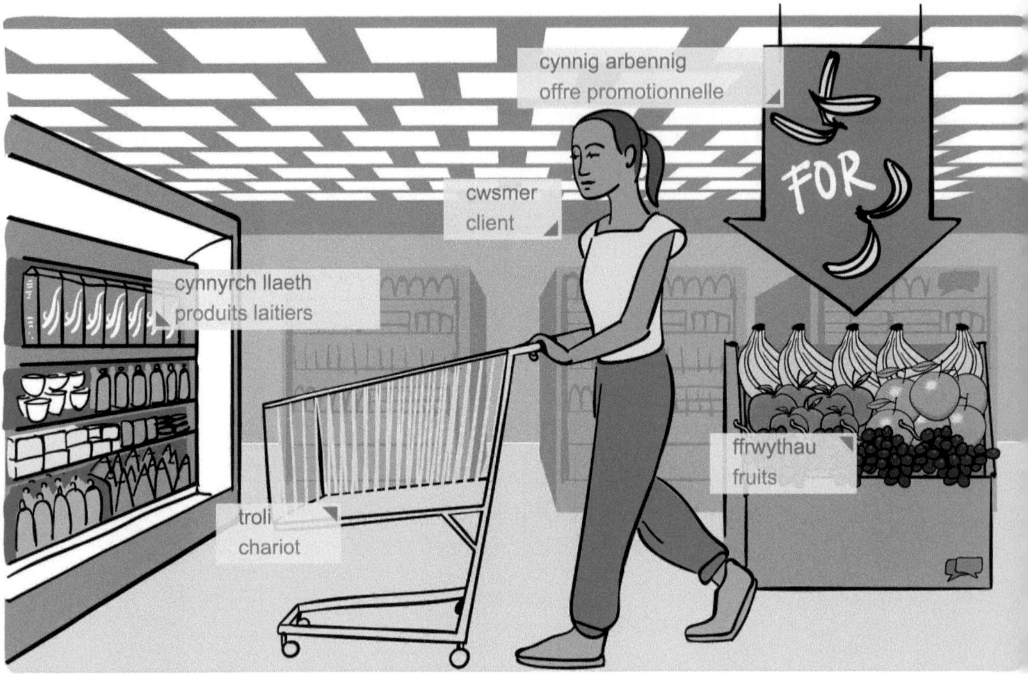

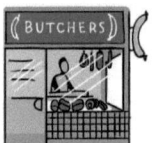

siop gig

boucherie

BAKERY

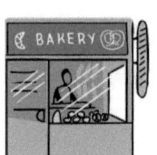

siop fara

boulangerie

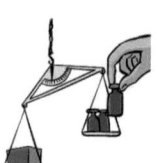

pwyso

peser

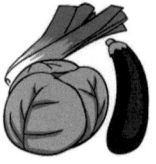

llysiau

légumes

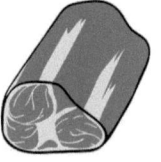

cig

viande

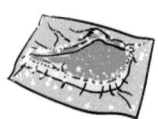

Bwyd wedi'i rewi

aliments surgelés

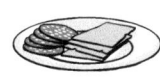

cig oer

charcuterie

bwyd tun

conserves

powdr golchi

poudre à lessive

da-da

bonbons

cynnyrch cartref

articles ménagers

cynhyrchion glanhau

détergents

gwerthwraig

vendeuse

til

caisse

ariannwr

caissier

rhestr siopa

liste d'achats

oriau agor

heures d'ouverture

waled

portefeuille

cerdyn credyd

carte de crédit

bag

sac

bag plastig

sac en plastique

dŵr

eau

sudd

jus de fruit

llefrith

lait

côc

coca

gwin

vin

cwrw

bière

alcohol

alcool

coco

chocolat chaud

te

thé

coffi

café

espresso

expresso

cappuccino

cappuccino

banana

banane

afal

pomme

oren

orange

melon

melon

lemwn

citron

moronen

carotte

garlleg

ail

bambŵ

bambou

nionyn

oignon

madarchen

champignon

cnau

noisettes

nwdls

pâtes

sbageti

spaghetti

reis

riz

salad

salade

sglodion

pommes frites

tatws wedi'u ffrïo

pommes de terre rôties

pitsa

pizza

hambyrger

hamburger

brechdan

sandwich

cytled

escalope

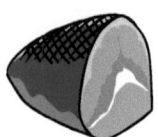

ham

jambon

salami

salami

selsig

saucisse

cyw iâr

poulet

rhost

rôti

pysgodyn

poisson

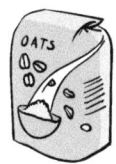

ceirch uwd

flocons d'avoine

miwsli

muesli

creision ŷd

cornflakes

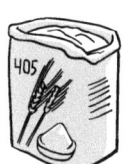

blawd

farine

croissant

croissant

bynsen

petits-pains

bara

pain

tost

pain grillé

bisgedi

biscuits

menyn

beurre

ceuled

le fromage blanc

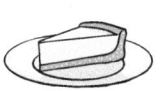

teisen

gâteau

wy

œuf

wy wedi'i ffrïo

œuf au plat

caws

fromage

hufen iâ

glace

siwgr

sucre

mêl

miel

jam

confiture

siocled taenu

crème nougat

cyri

curry

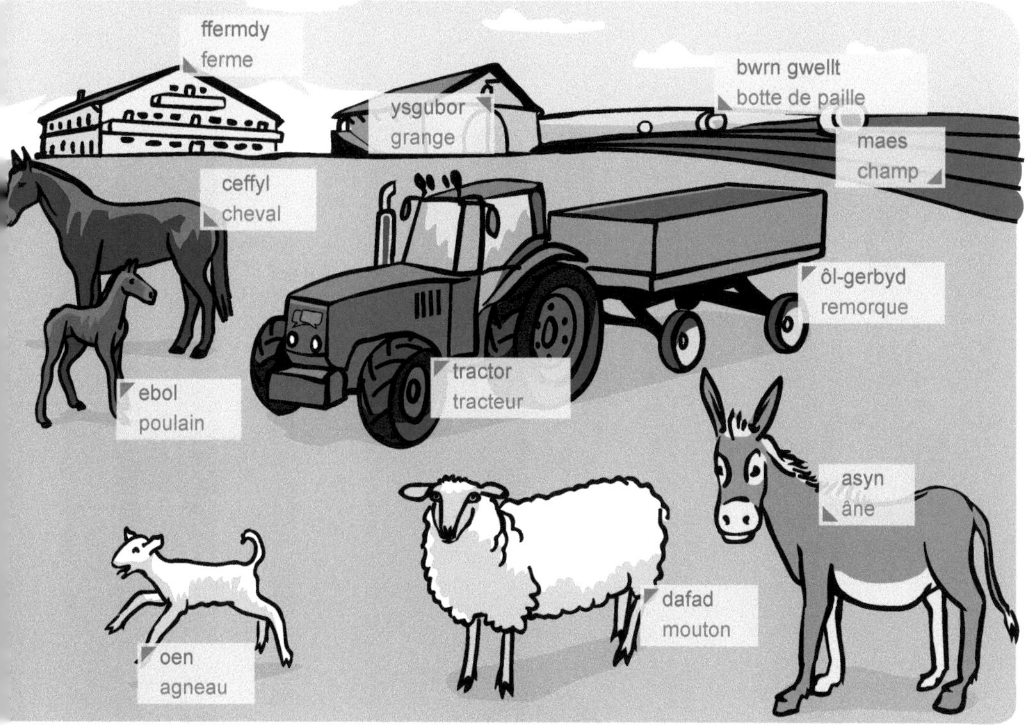

ffermdy
ferme

bwrn gwellt
botte de paille

ysgubor
grange

maes
champ

ceffyl
cheval

ôl-gerbyd
remorque

tractor
tracteur

ebol
poulain

asyn
âne

dafad
mouton

oen
agneau

gafr

chèvre

buwch

vache

llo

veau

mochyn

porc

porchell

porcelet

tarw

taureau

gwydd

oie

hwyaden

canard

cyw

poussin

iâr

poule

ceiliog

coq

llygoden fawr

rat

cath

chat

llygoden

souris

ych

bœuf

ci

chien

cwt ci

chenil

pibell ddŵr

tuyau de jardin

can dŵr

arrosoir

pladur

faucheuse

aradr

charrue

ffern - ferme

cryman

faucille

fforch chwynu

pioche

picwarch

fourche

bwyell

hache

berfa

brouette

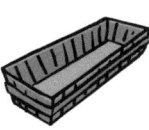

cafn

cuve

tun llefrith

pot à lait

sach

sac

ffens

clôture

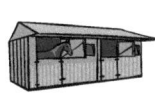

stabl

étable

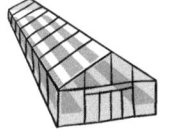

tŷ gwydr

serre

pridd

sol

hedyn

semences

gwrtaith

engrais

dyrnwr medi

moissonneuse-batteuse

cynaeafu

récolter

cynhaeaf

récolte

iamau

igname

gwenith

blé

soi

soja

tysen

pomme de terre

grawn

maïs

had rêp

colza

coeden ffrwythau

arbre fruitier

manioc

manioc

grawnfwydydd

céréales

tŷ
maison

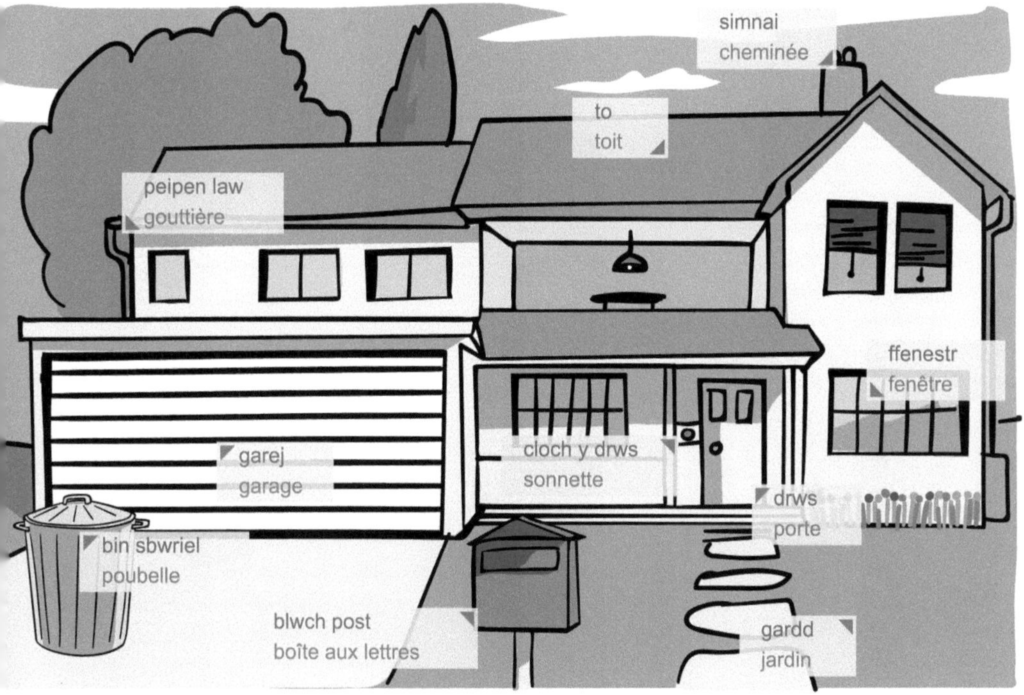

simnai
cheminée
to
toit
peipen law
gouttière
ffenestr
fenêtre
cloch y drws
sonnette
garej
garage
drws
porte
bin sbwriel
poubelle
blwch post
boîte aux lettres
gardd
jardin

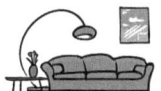

lolfa

salon

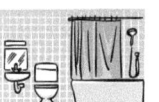

ystafell ymolchi

salle de bain

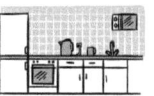

cegin

cuisine

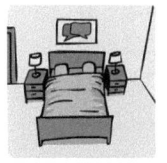

ystafell wely

chambre à coucher

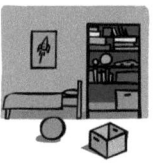

ystafell plentyn

chambre d'enfant

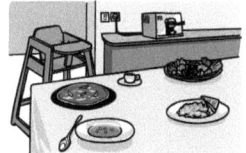

ystafell fwyta

salle à manger

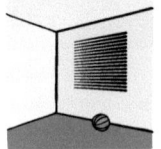

llawr
sol

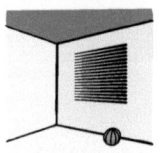

wal
mur

nenfwd
plafond

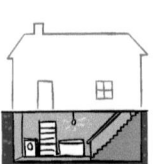

seler
cave

sawna
sauna

balconi
balcon

teras
terrasse

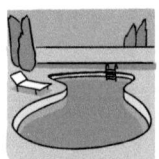

pwll
piscine

peiriant torri gwair
tondeuse à gazon

taflen
housse

gorchudd gwely
couette

gwely
lit

ysgub
balai

bwced
sceau

swits
interrupteur

lolfa

salon

papur wal
papier peint
llun
image
lamp
lampe
silff
étagère
cwpwrdd
armoire
teledu
télé
lle tân
cheminée
blodyn
fleur
clustog
coussin
soffa
sofa
fâs
vase
rheolydd o bell
télécommande

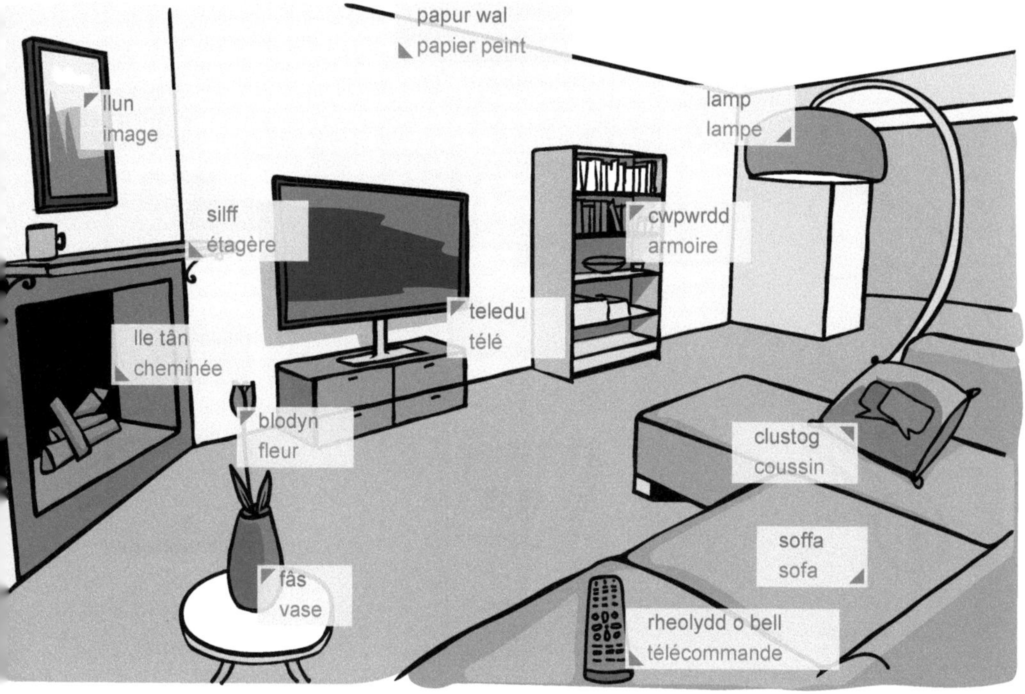

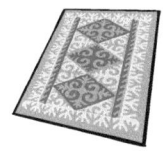

carped

tapis

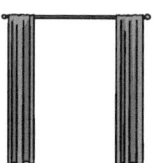

llen

rideau

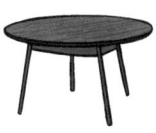

bwrdd

table

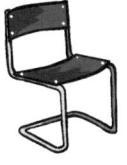

cadair

chaise

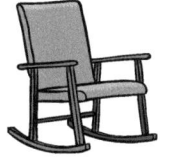

cadair siglo

chaise à bascule

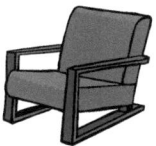

cadair freichiau

fauteuil

llyfr

livre

blanced

couverture

addurn

décoration

coed tân

bois de chauffage

ffilm

film

hi-fi

chaîne hi-fi

agoriad

clé

papur newydd

journal

darlun

peinture

poster

poster

radio

radio

llyfr nodiadau

bloc-notes

hwfer

aspirateur

cactws

cactus

cannwyll

bougie

cegin
cuisine

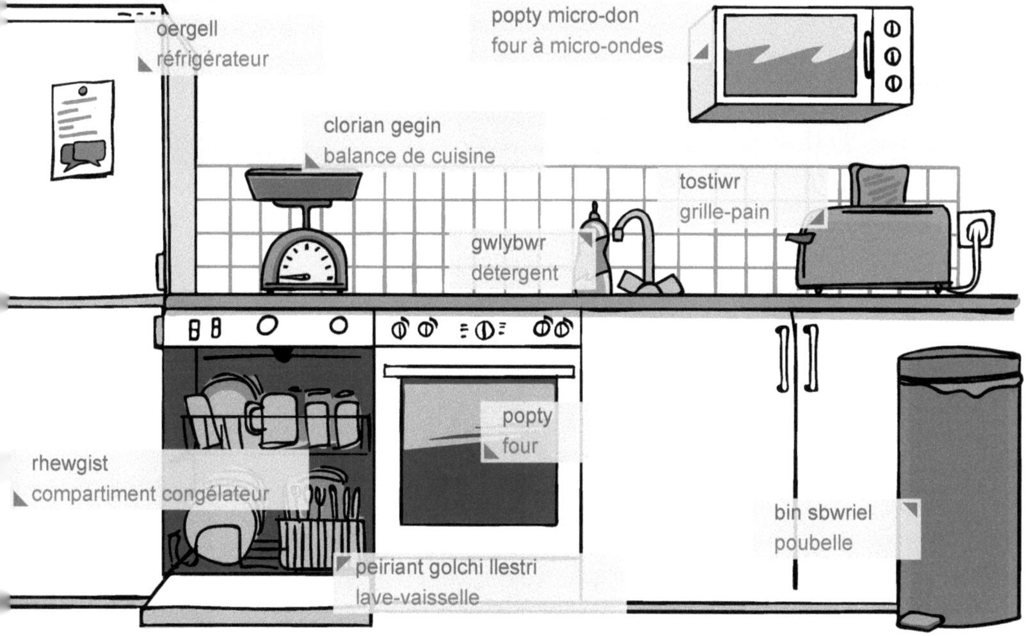
oergell
réfrigérateur
popty micro-don
four à micro-ondes
clorian gegin
balance de cuisine
tostiwr
grille-pain
gwlybwr
détergent
popty
four
rhewgist
compartiment congélateur
bin sbwriel
poubelle
peiriant golchi llestri
lave-vaisselle

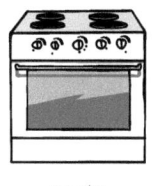

popty

four

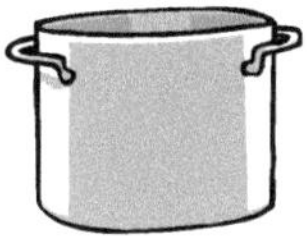

pot

casserole

pot haearn bwrw

marmite

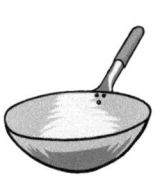

wok / kadai

wok / kadai

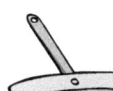

padell

poêle

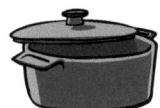

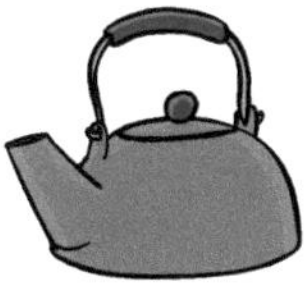

tegell

bouilloire electrique

sosban stemio

cuiseur vapeur

hambwrdd pobi

plaque de cuisson

llestri

vaisselle

mwg

gobelet

powlen

coupe

gweill bwyta

baguettes

lletwad

louche

ysbodol

spatule

chwisg

fouet

hidlydd

passoire

gogr

tamis

gratiwr

râpe

morter

mortier

barbeciw

barbecue

tân agored

cheminée

cegin - cuisine

bwrdd torri cig

planche à découper

rholbren

rouleau à pâtisserie

tynnwr corcyn

tire-bouchon

tun

boîte

peth agor tuniau

ouvre-boîte

clwt pot

maniques

sinc

lavabo

brws

brosse

sbwng

éponge

peiriant cymysgu

mixeur

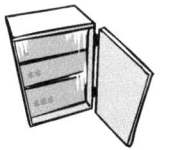

rhewgell

congélateur

potel babi

biberon

tap

robinet

ystafell ymolchi

salle de bain

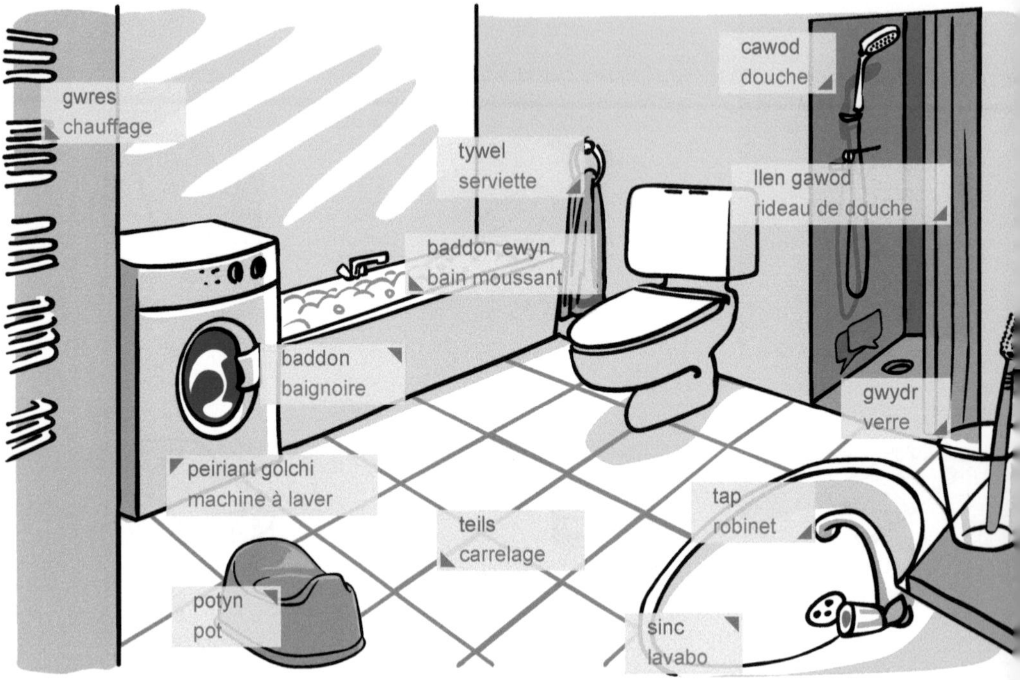

gwres
chauffage
cawod
douche
tywel
serviette
llen gawod
rideau de douche
baddon ewyn
bain moussant
baddon
baignoire
gwydr
verre
peiriant golchi
machine à laver
tap
robinet
teils
carrelage
potyn
pot
sinc
lavabo

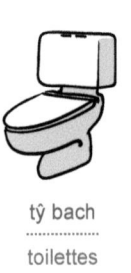

tŷ bach
toilettes

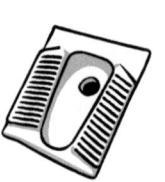

toiled cyrcydu
toilette à la turque

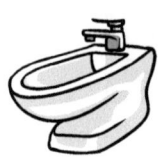

bidet
bidet

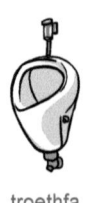

troethfa
urinoir

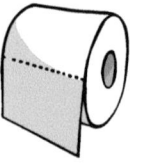

papur tŷ bach
papier toilette

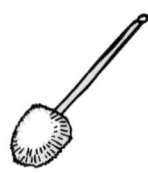

brws tŷ bach
brosse à toilette

brws dannedd

brosse à dents

past dannedd

dentifrice

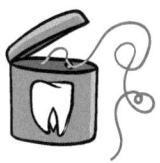

edau ddannedd

fil dentaire

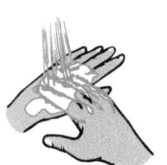

golchi

laver

cawod llaw

douche manuelle

golchfa

douche intime

basn

vasque

brws-ôl

brosse dorsale

sebon

savon

gel cawod

gel douche

siampŵ

shampooing

gwlanen

gant de toilette

ffos

écoulement

hufen

crème

diaroglydd

déodorant

drych

miroir

drych llaw

miroir cosmétique

rasel

rasoir

ewyn eillio

mousse à raser

sent eillio

après-rasage

crib

peigne

brws

brosse

sychwr gwallt

sèche-cheveux

chwistrell gwallt

laque pour cheveux

colur

fond de teint

minlliw

rouge à lèvres

farnais ewinedd

vernis à ongles

gwlân cotwm

ouate

siswrn ewinedd

coupe-ongles

persawr

parfum

bag ymolchi

trousse de toilette

stôl

tabouret

clorian

pèse-personne

gŵn baddon

peignoir

menig rwber

gants de nettoyage

tampon

tampon

tywel misglwyf

serviettes hygiéniques

toiled cemegol

toilette chimique

ystafell plentyn
chambre d'enfant

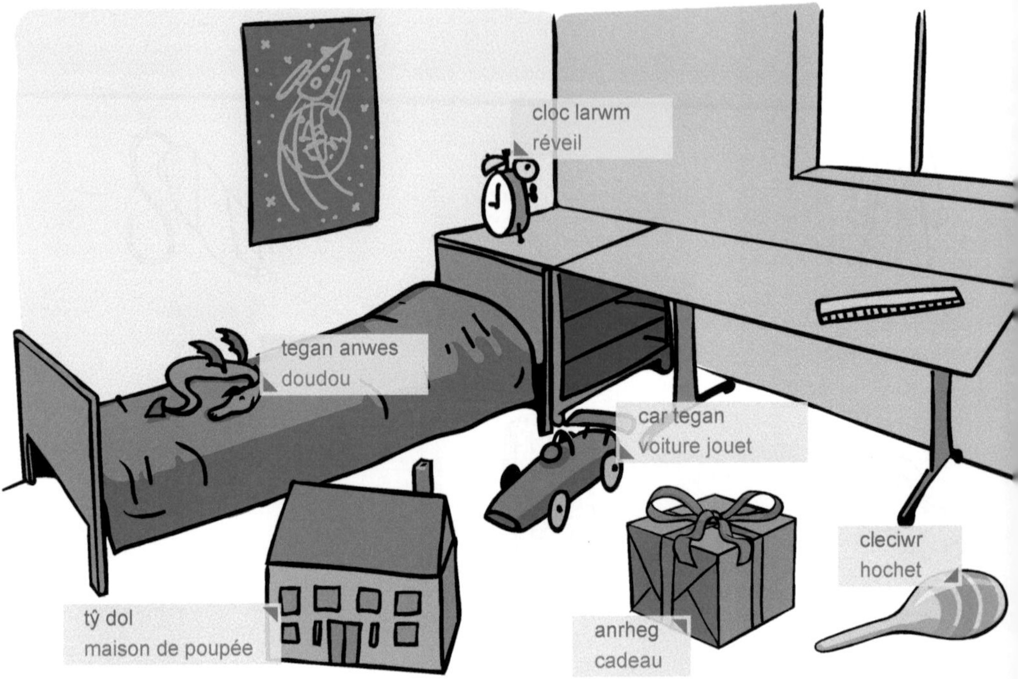
cloc larwm
réveil
tegan anwes
doudou
car tegan
voiture jouet
cleciwr
hochet
tŷ dol
maison de poupée
anrheg
cadeau

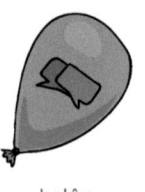

balŵn

ballon

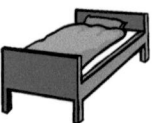

gwely

lit

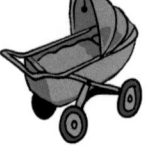

pram

poussette

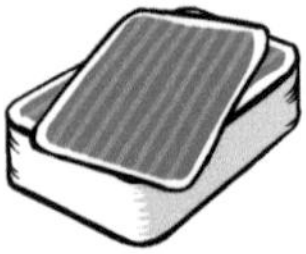

pecyn o gardiau

jeu de cartes

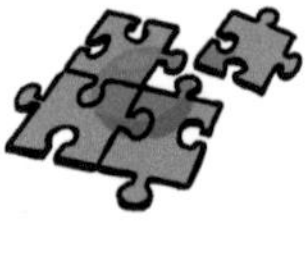

jig-so

puzzle

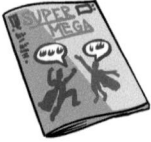

comic

bande dessinée

brics Lego

pièces lego

blociau adeiladu

blocs de construction

ffigur gweithredu

figurine

babygro

grenouillère

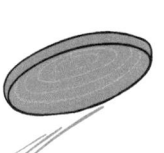

ffrisbi

frisbee

symudyn

mobile

gêm fwrdd

jeu de société

deis

dé

set model trên

train miniature

teth lwgu

sucette

parti

fête

llyfr lluniau

livre d'images

pêl

balle

dol

poupée

chwarae

jouer

pwll tywod
bac à sable

swing
balançoire

teganau
jouets

consol gemau fideo
console de jeu

beic tair olwyn
tricycle

tedi
ours en peluche

cwpwrdd dillad
armoire

dillad

vêtements

hosanau
chaussettes

hosanau
bas

teits
collant

sgarff
écharpe

ymbarél
parapluie

crys-t
t-shirt

gwregys
ceinture

sliperi
pantoufles

esgidiau
bottes

esidiau ymarfer
baskets

sandalau	esgidiau	esgidiau rwber
sandales	chaussures	bottes de caoutchouc

trôns	bra	fest
sous-vêtements	soutien-gorge	maillot de corps

corff

body

trowsus

pantalon

jîns

jean

sgert

jupe

blows

chemisier

crys

chemise

pwlofer

pull

hwdi

sweat à capuche

blaser

veste

siaced

veste

côt

manteau

côt law

imperméable

gwisg

costume

gŵn

robe

gwisg briodas

robe de mariée

siwt

costume

gŵn nos

chemise de nuit

pyjamas

pyjama

sari

sari

sgarff pen

foulard

tyrban

turban

bwrca

burqa

cafftan

caftan

abaya

abaya

gwisg nofio

maillot de bain

trowsus nofio

maillot de bain

siorts

short

tracwisg

tenue d'entraînement

ffedog

tablier

menig

gants

botwm

bouton

sbectol

lunettes

breichled

bracelet

cadwyn

collier

modrwy

bague

clustdlws

boucle d'oreille

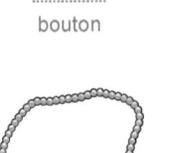

cap

bonnet

cambren

cintre

het

chapeau

tei

cravate

sip

fermeture éclair

helmed

casque

fframiau danedd

bretelles

gwisg ysgol

uniforme scolaire

gwisg

uniforme

bib
bavoir

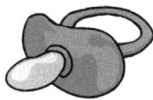

teth lwgu
sucette

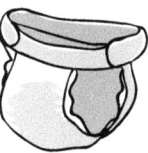

cewyn
lange

swyddfa
bureau

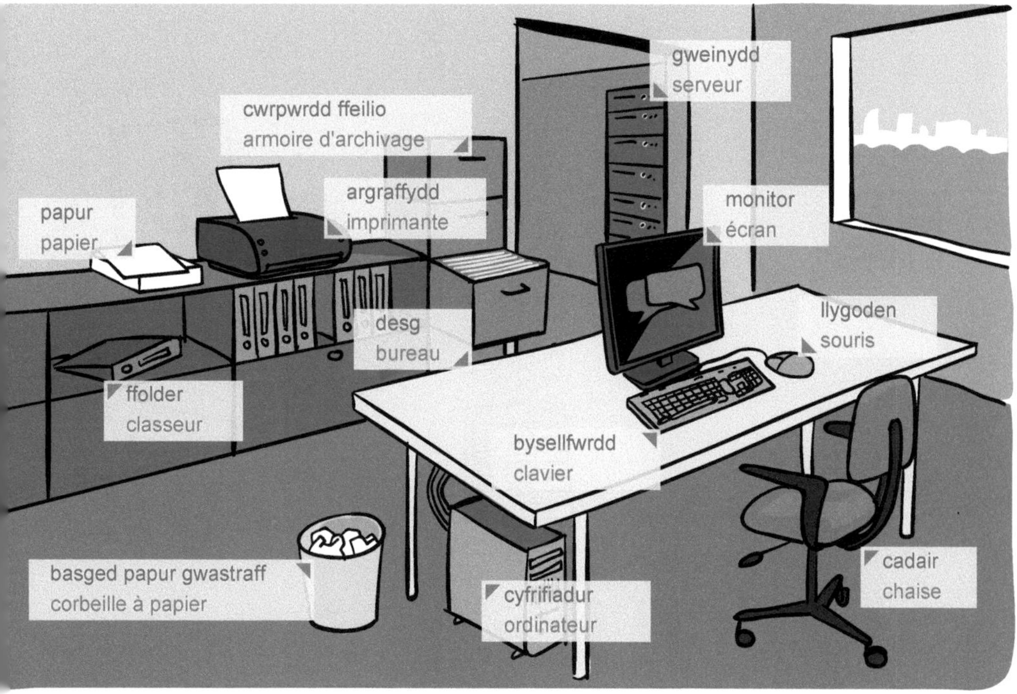

gweinydd
serveur

cwrpwrdd ffeilio
armoire d'archivage

argraffydd
imprimante

monitor
écran

papur
papier

desg
bureau

llygoden
souris

ffolder
classeur

bysellfwrdd
clavier

basged papur gwastraff
corbeille à papier

cyfrifiadur
ordinateur

cadair
chaise

mwg coffi
tasse de café

cyfrifiannell
calculatrice

rhyngrwyd
internet

gliniadur
ordinateur portable

llythyr
lettre

neges
message

ffôn symudol
portable

rhwydwaith
réseau

llungopïwr
photocopieuse

meddalwedd
logiciel

teleffon
téléphone

soced plwg
prise

peiriant ffacs
fax

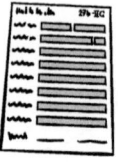

ffurflen
formulaire

dogfen
document

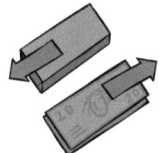

prynu
....
acheter

talu
....
payer

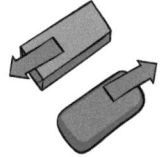

masnachu
....
faire du commerce

arian
....
monnaie

 **USD**

doler
....
dollar

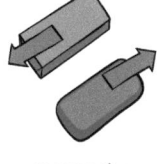 **EUR**

ewro
....
euro

 **JPY**

yen
....
yen

 **RUB**

rwbl
....
rouble

 **CHF**

ffranc y Swistir
....
franc suisse

 **CNY**

yuan renminbi
....
renminbi yuan

 **INR**

rwpi
....
roupie

peiriant arian
....
distributeur automatique

swyddfa gyfnewid

bureau de change

aur

or

arian

argent

olew

pétrole

ynni

énergie

pris

prix

contract

contrat

treth

taxe

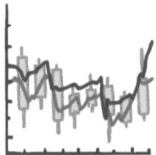

stoc

action

gweithio

travailler

cyflogai

employé

cyflogwr

employeur

ffatri

usine

siop

magasin

swyddi
professions

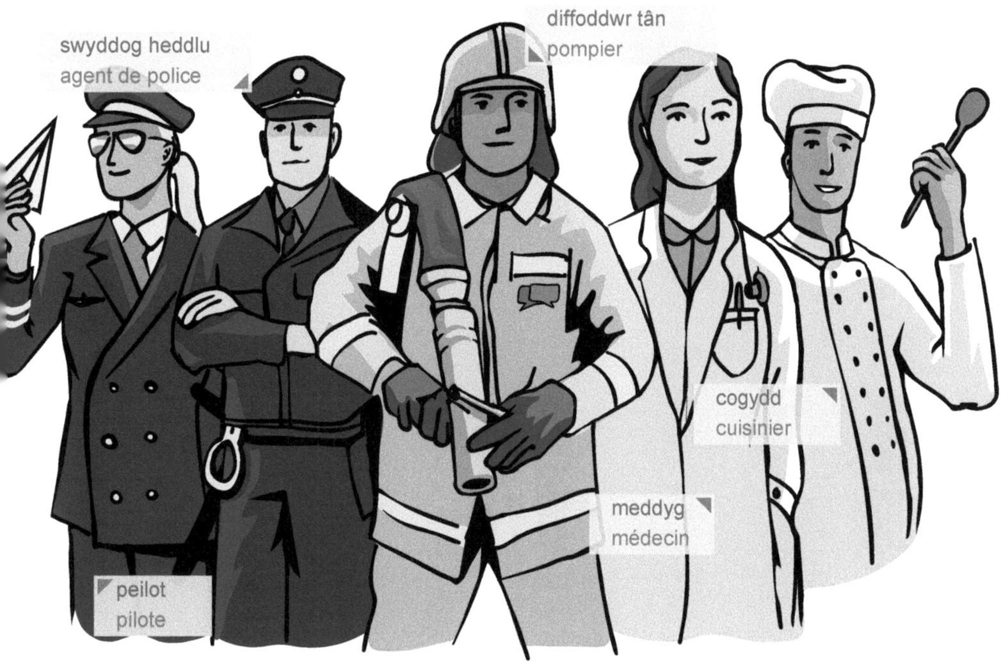

swyddog heddlu
agent de police
diffoddwr tân
pompier
cogydd
cuisinier
meddyg
médecin
peilot
pilote

garddwr

jardinier

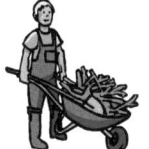

saer

menuisier

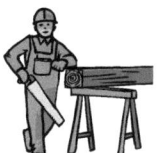

gwniadwraig

couturière

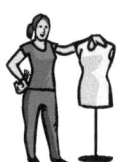

barnwr

juge

fferyllydd

chimiste

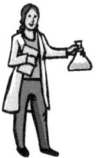

actor

acteur

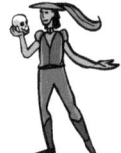

gyrrwr bws

conducteur de bus

gyrrwr tacsi

chauffeur de taxi

pysgotwr

pêcheur

glanhawraig

femme de ménage

töwr

couvreur

gweinydd

serveur

heliwr

chasseur

paentiwr

peintre

pobydd

boulanger

trydanwr

électricien

adeiladwr

ouvrier

peiriannydd

ingénieur

cigydd

boucher

plymiwr

plombier

dyn y post

facteur

milwr

soldat

pensaer

architecte

ariannwr

caissier

gwerthwr blodau

fleuriste

triniwr gwallt

coiffeur

archwiliwr tocynnau
rheilffordd

contrôleur

mecanydd

mécanicien

capten

capitaine

deintydd

dentiste

gwyddonydd

scientifique

rabi

rabbin

imam

imam

mynach

moine

clerigwr

prêtre

offer
outils

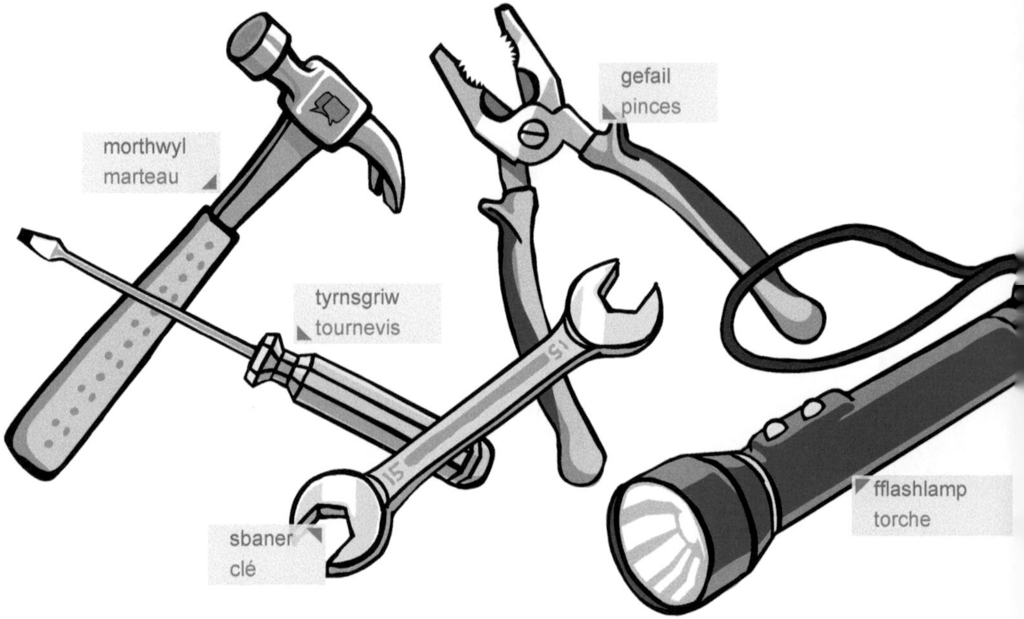
morthwyl
marteau
gefail
pinces
tyrnsgriw
tournevis
sbaner
clé
fflashlamp
torche

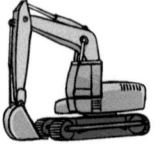

turiwr

pelleteuse

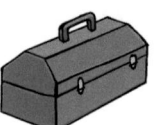

blwch offer

boîte à outils

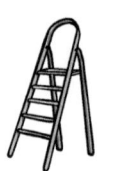

ysgol

échelle

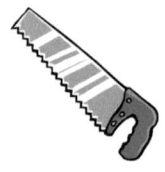

llif

scie

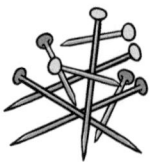

hoelion

clous

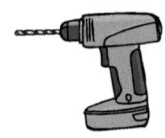

dril

perceuse

trwsio
réparer

rhaw
pelle

Daria!
Mince !

rhaw lwch
pelle

pot paent
pot de peinture

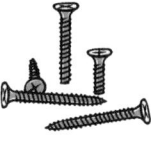

sgriwiau
vis

offerynnau cerdd
instruments de musique

set drymiau
batterie

uchelseinydd
haut-parleurs

gitâr
guitare

bas dwbl
contrebasse

trwmped
trompette

piano
piano

ffidil
violon

bas
basse

timpani
timbales

drymiau
tambour

cyweirfwrdd
piano électrique

sacsoffon
saxophone

ffliwt
flûte

meicroffon
microphone

mynediad
entrée

teigr
tigre

cawell
cage

sebra
zèbre

bwyd anifeiliaid
alimentation animale

panda
panda

anifeiliaid

animaux

eliffant

éléphant

cangarŵ

kangourou

rhinoseros

rhinocéros

gorila

gorille

arth

ours

camel

chameau

estrys

autruche

llew

lion

mwnci

singe

fflamingo

flamand rose

parot

perroquet

arth wen

ours polaire

pengwin

pingouin

siarc

requin

paun

paon

neidr

serpent

crocodeil

crocodile

gofalwr sŵ

gardien de zoo

morlo

phoque

jagwar

jaguar

merlyn
poney

llewpard
léopard

hipo
hippopotame

jiráff
girafe

eryr
aigle

baedd
sanglier

pysgodyn
poisson

crwban
tortue

walrws
morse

llwynog
renard

gafrewig
gazelle

pêl-droed America
american Football

beicio
cyclisme

tennis
tennis

pêl-fasged
basket-ball

nofio
natation

bocsio
boxe

hoci iâ
hockey sur glace

pêl-droed

football

badminton

badminton

athletau

athlétisme

pêl-law

handball

sgïo

ski

polo

polo

gweithgareddau

activités

chwerthin
rire
neidio
sauter
cofleidio
embrasser
cerdded
marcher
canu
chanter
breuddwydio
rêver
gweddïo
prier
cusanu
faire la bise

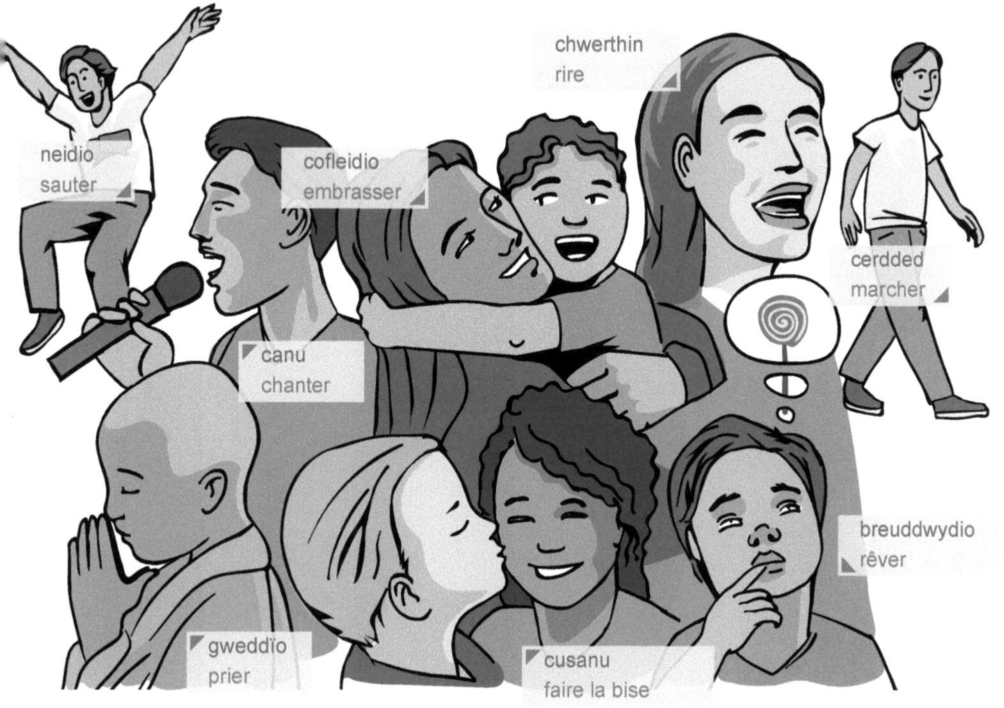

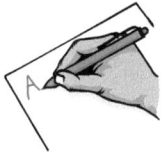

ysgrifennu

écrire

arlunio

dessiner

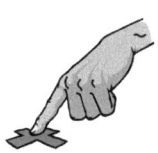

dangos

montrer

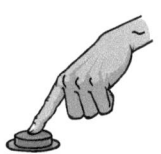

gwthio

pousser

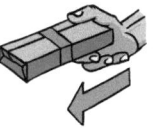

rhoi

donner

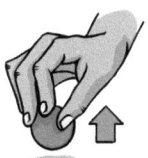

cymryd

prendre

bod gan

avoir

gwneud

faire

bod

être

sefyll

être debout

rhedeg

courir

tynnu

trier

taflu

jeter

disgyn

tomber

gorwedd

être couché

aros

attendre

cario

porter

eistedd

être assis

gwisgo amdanoch

s'habiller

cysgu

dormir

deffro

se réveiller

edrych ar
regarder

crïo
pleurer

anwesu
caresser

cribo
peigner

siarad
parler

deall
comprendre

gofyn
demander

gwrando
écouter

yfed
boire

bwyta
manger

tacluso
ranger

caru
aimer

coginio
cuire

gyrru
conduire

hedfan
voler

hwylio

faire de la voile

cyfrifo

calculer

darllen

lire

dysgu

apprendre

gweithio

travailler

priodi

se marier

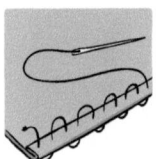

gwnïo

coudre

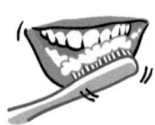

brwsio dannedd

brosser les dents

lladd

tuer

ysmygu

fumer

anfon

envoyer

teulu
famille

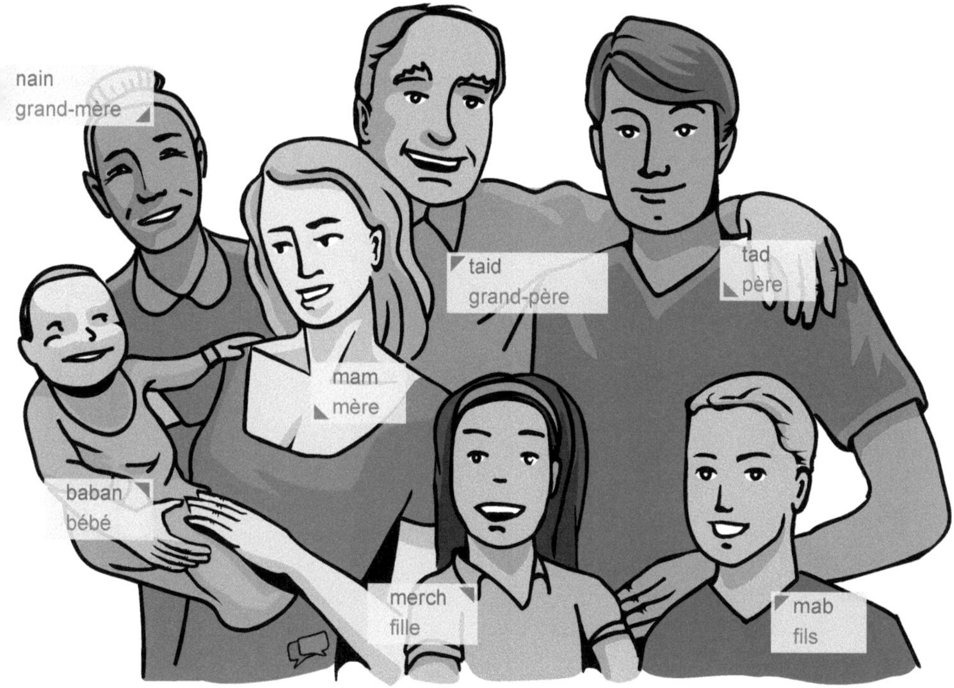
nain
grand-mère
taid
grand-père
tad
père
mam
mère
baban
bébé
merch
fille
mab
fils

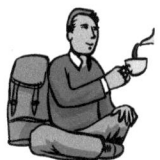

gwestai
hôte

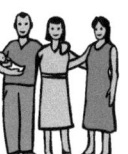

modryb
tante

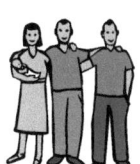

ewythr
oncle

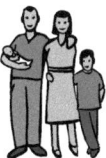

brawd
frère

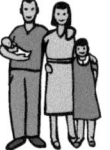

chwaer
sœur

corff

corps

talcen
front
llygad
œil
ysgwydd
épaule
bys
doigt
wyneb
visage
gên
menton
llaw
main
coes
jambe
bron
poitrine
braich
bras

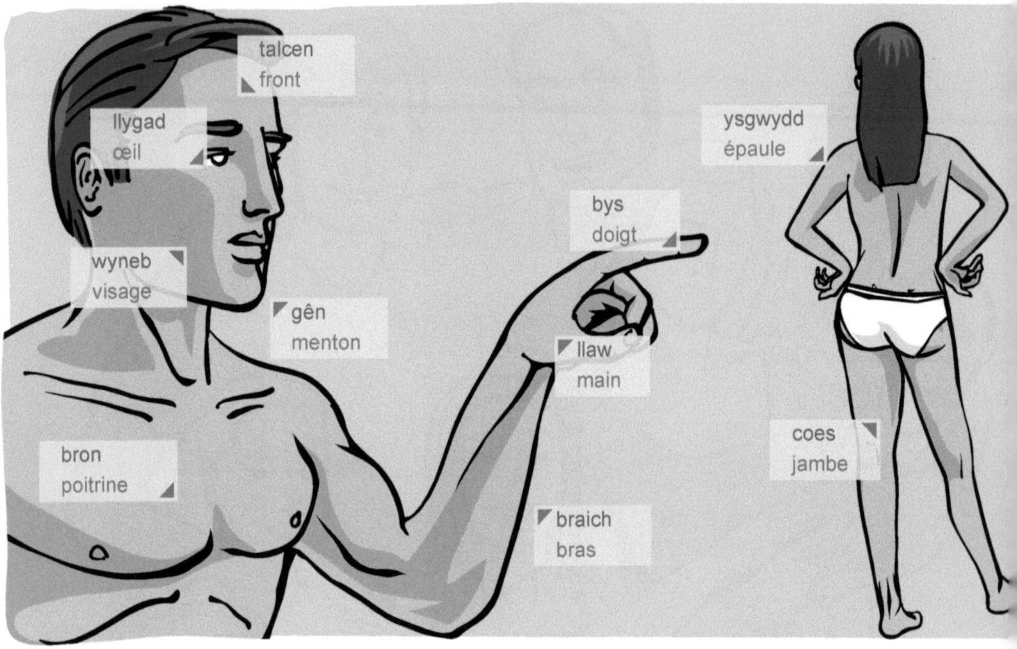

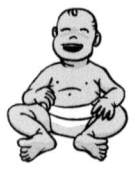

baban
bébé

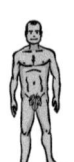

dyn
homme

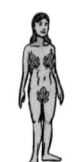

gwraig
femme

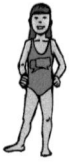

geneth
fille

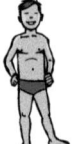

bachgen
garçon

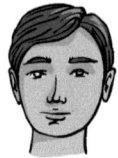

pen
tête

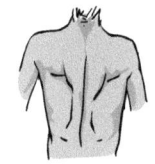

cefn
dos

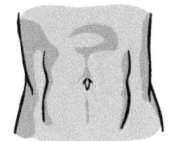

bel
ventre

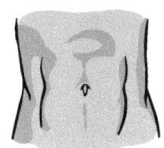

bogail
nombril

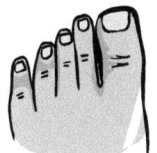

bys troed
orteil

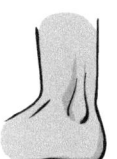

sawdl
talon

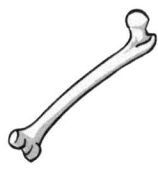

asgwrn
os

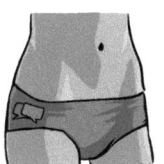

clun
hanche

pen-glin
genou

penelin
coude

trwyn
nez

pen ôl
fesses

croen
peau

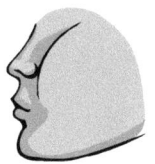

boch
joue

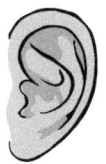

clust
oreille

gwefus
lèvre

ceg

bouche

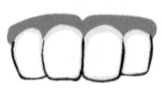

dant

dent

tafod

langue

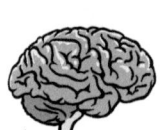

ymennydd

cerveau

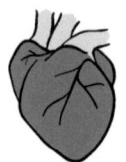

calon

cœur

cyhyr

muscle

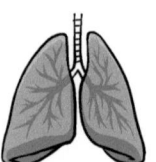

ysgyfaint

poumons

iau

foie

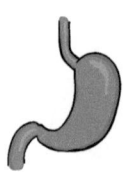

stumog

estomac

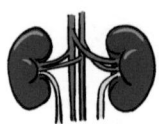

arennau

reins

rhyw

rapport sexuel

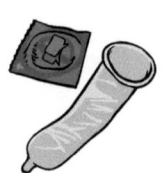

condom

préservatif

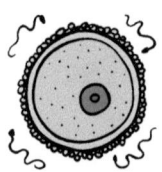

ofwm

ovule

semen

sperme

beichiogrwydd

grossesse

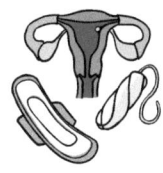

mislif
menstruation

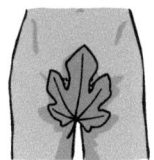

fagina
vagin

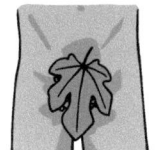

pidyn
pénis

ael
sourcil

gwallt
cheveux

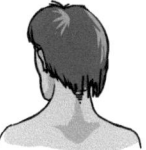

gwddf
cou

ysbyty
hôpital

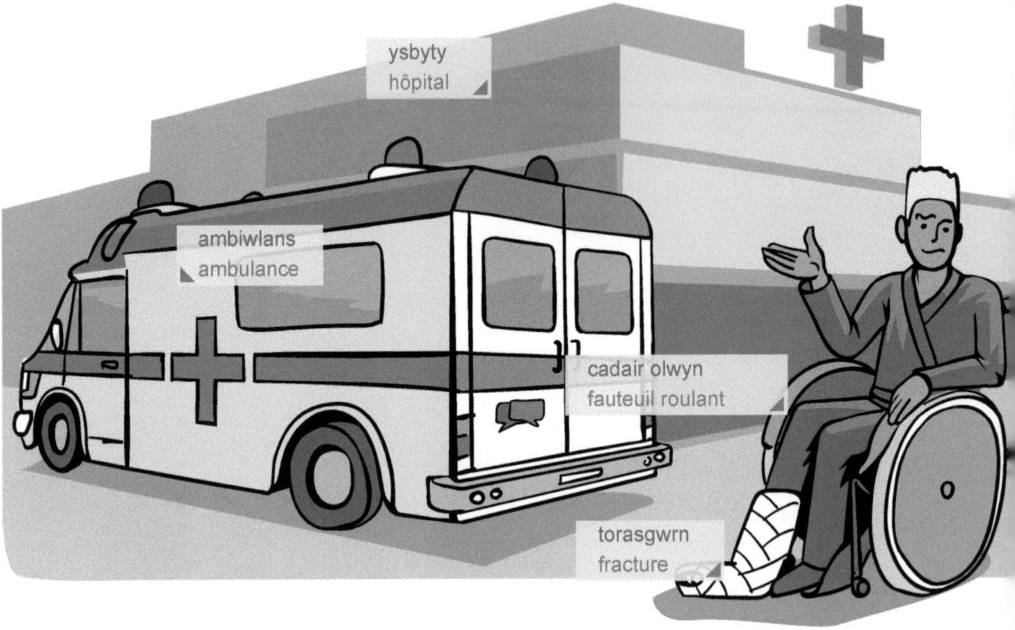

ysbyty
hôpital
ambiwlans
ambulance
cadair olwyn
fauteuil roulant
torasgwrn
fracture

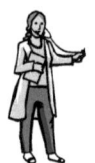

meddyg

médecin

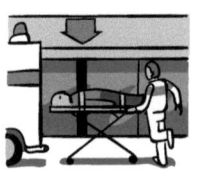

ystafell argyfwng

service des urgences

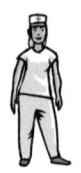

nyrs

infirmière

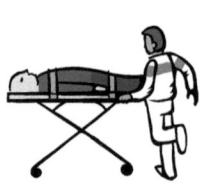

argyfwng

urgence

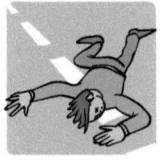

anymwybodol

inconscient

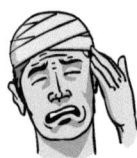

poen

douleur

anaf

blessure

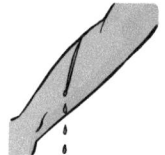

gwaedu

hémorragie

trawiad ar y galon

crise cardiaque

strôc

attaque cérébrale

alergedd

allergie

peswch

toux

twymyn

fièvre

ffliw

grippe

dolur rhydd

diarrhée

cur pen

mal de tête

canser

cancer

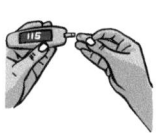

diabetes

diabète

llawfeddyg

chirurgien

fflaim

scalpel

gweithrediad

opération

CT

CT

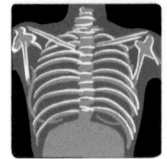

pelydr-x

radiographie

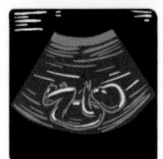

uwchsain

échographie

mwgwd wyneb

masque

clefyd

maladie

ystafell aros

salle d'attente

bagl

béquille

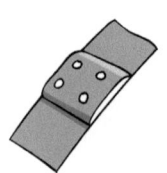

plastr

pansement

rhwymyn

pansement

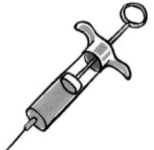

pigiad

injection

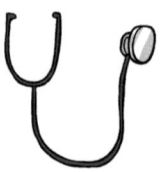

stethosgop

stéthoscope

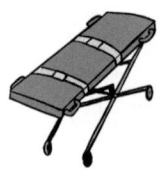

elorwely

brancard

thermomedr clinigol

thermomètre

genedigaeth

accouchement

dros bwysau

surcharge pondérale

cymorth clyw

appareil auditif

diheintydd

désinfectant

haint

infection

firws

virus

HIV / AIDS

VIH / sida

meddygaeth

médicament

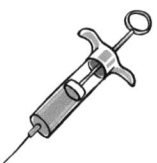

brechiad

vaccination

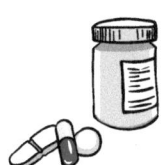

tabledi

comprimés

y bilsen

pilule

galwad frys

appel d'urgence

monitor pwysau gwaed

tensiomètre

yn sâl / yn iach

malade / sain

Help!

Au secours !

ymosodiad

assaut

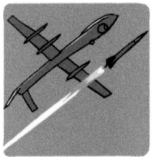

ymosodiad

attaque

perygl

danger

allanfa argyfwng

sortie de secours

Tân!

Au feu!

diffoddwr tân

extincteur

damwain

accident

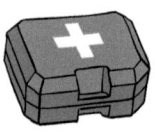

pecyn cymorth cyntaf

trousse de premier secours

SOS

SOS

heddlu

police

larwm

alarme

Ewrop

Europe

Gogledd America

Amérique du Nord

De America

Amérique du Sud

Affrica

Afrique

Asia

Asie

Awstralia

Australie

Iwerydd

Océan atlantique

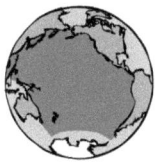

y Môr Tawel

Océan pacifique

Cefnfor yr India

Océan indien

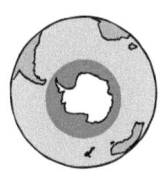

Cefnfor yr Antarctig

Océan antarctique

Cefnfor yr Arctig

Océan arctique

Pegwn y Gogledd

pôle nord

Pegwn y De

pôle sud

Antarctica

Antarctique

y Ddaear

terre

tir

pays

môr

mer

ynys

île

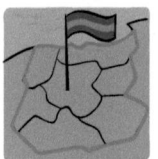

cenedl

nation

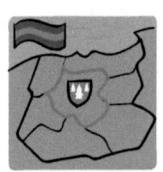

gwladwriaeth

état

wyneb cloc

cadran

bys awr

aiguille des heures

bys munud

aiguille des minutes

bys eiliad

aiguille des secondes

Faint o'r gloch yw hi?

Quelle heure est-il ?

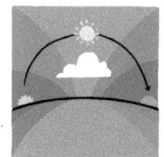

dydd

jour

amser

temps

yn awr

maintenant

cloc digidol

montre digitale

munud

minute

awr

heure

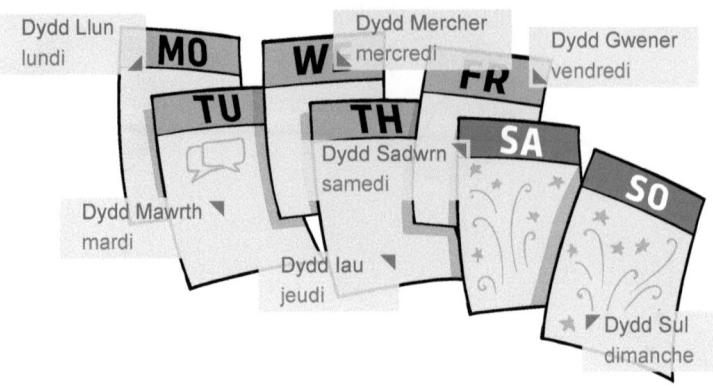

Dydd Llun / lundi
Dydd Mercher / mercredi
Dydd Gwener / vendredi
Dydd Sadwrn / samedi
Dydd Mawrth / mardi
Dydd Iau / jeudi
Dydd Sul / dimanche

ddoe

hier

heddiw

aujourd'hui

yfory

demain

bore

matin

canol dydd

midi

noswaith

soir

diwrnodiau busnes

jours ouvrables

penwythnos

week-end

blwyddyn
année

glaw
pluie
enfys
arc-en-ciel
eira
neige
gwynt
vent
gwanwyn
printemps
hydref
automne
haf
été
gaeaf
hiver

4.APRIL 11°
5.APRIL 4°
6.APRIL 13°
7.APRIL 8°
8.APRIL 10°

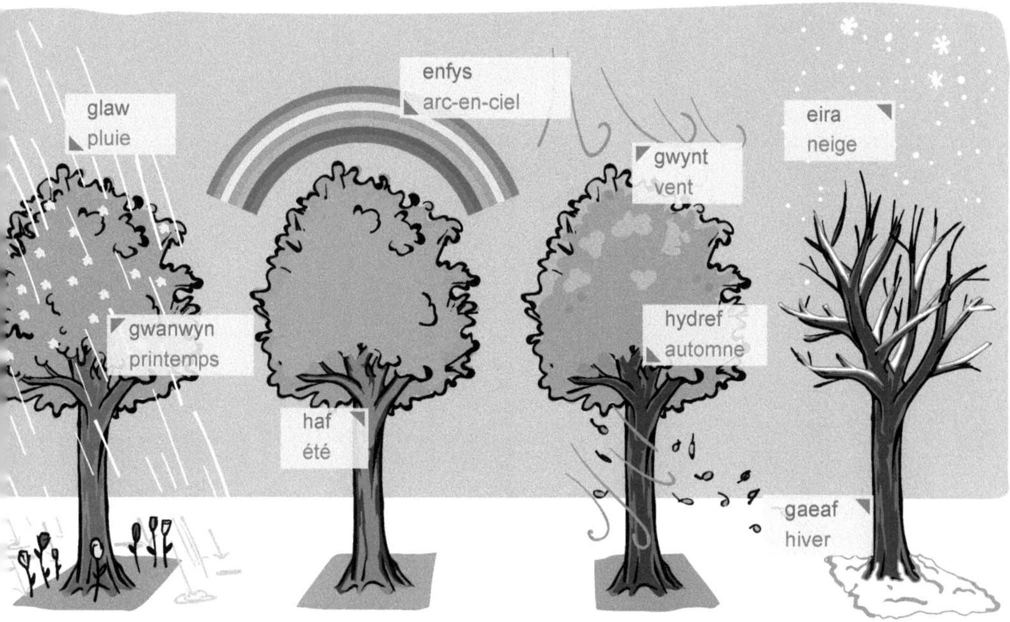

rhagolygon y tywydd

météo

F C
120 40
90 30
60 20
30 10
0 0
-30 -10
-20

thermomedr

thermomètre

heulwen

lumière du soleil

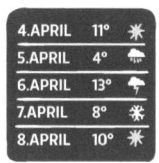

cwmwl

nuage

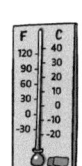

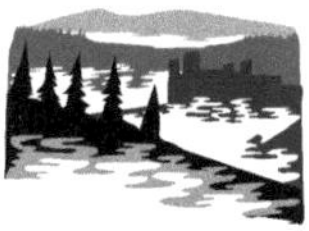

niwl tew

brouillard

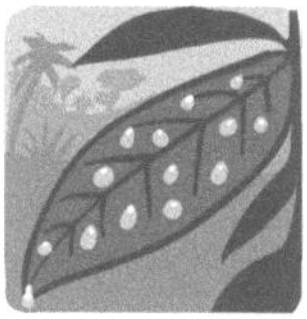

lleithder

humidité

mellt

foudre

taranau

tonnerre

storm

tempête

cenllysg

grêle

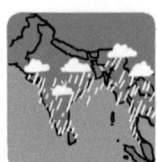

monsŵn

mousson

llif

inondation

iâ

glace

Ionawr

janvier

Chwefror

février

Mawrth

mars

Ebrill

avril

Mai

mai

Mehefin

juin

Gorffennaf

juillet

Awst

août

82   blwyddyn - année

Medi
....
septembre

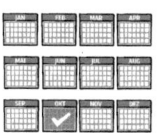

Hydref
....
octobre

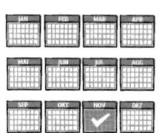

Tachwedd
....
novembre

Rhagfyr
....
décembre

siapiau

formes

cylch
....
cercle

sgwâr
....
carré

petryal
....
rectangle

triongl
....
triangle

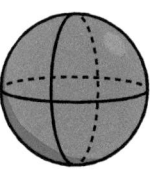

sffêr
....
sphère

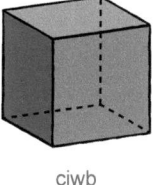

ciwb
....
cube

gwyn

blanc

melyn

jaune

oren

orange

pinc

rose

coch

rouge

porffor

violet

glas

bleu

gwyrdd

vert

brown

marron

llwyd

gris

du

noir

llawer / ychydig

beaucoup / peu

dig / tawel

fâché / calme

hardd / hyll

joli / laid

dechrau / diwedd

début / fin

mawr / bach

grand / petit

llachar / tywyll

clair / obscure

brawd / chwaer

frère / soeur

glân / budr

propre / sale

gyflawn / anghyflawn

complet / incomplet

dydd / nos

jour / nuit

farw / yn fyw

mort / vivant

llydan / cul

large / étroit

bwytadwy / anfwytadwy

comestible / incomestible

drwg / caredig

méchant / gentil

llawn cyffro / diflasu

excité / ennuyé

tew / tenau

gros / mince

cyntaf / olaf

premier / dernier

cyfaill / gelyn

ami / ennemi

llawn / gwag

plein / vide

caled / meddal

dur / souple

trwm / ysgafn

lourd / léger

wedi newynnu / yn sychedig

faim / soif

yn sâl / yn iach

malade / sain

anghyfreithlon / cyfreithiol

illégal / légal

deallus / twp

intelligent / stupide

chwith / dde

gauche / droite

agos / pell

proche / loin

wydd / wedi'i ddefnyddio

nouveau / usé

dim / rhywbeth

rien / quelque chose

hen / ifanc

vieux / jeune

ymlaen / i ffwrdd

marche / arrêt

ar agor / ar gau

ouvert / fermé

tawel / uchel

faible / fort

cyfoethog / tlawd

riche / pauvre

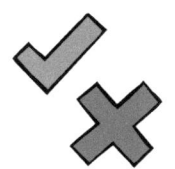

cywir / anghywir

correct / incorrect

garw / llyfn

rugueux / lisse

trist / hapus

triste / heureux

byr / hir

court / long

araf / cyflym

lent / rapide

gwlyb / sych

mouillé / sec

cynnes / claear

chaud / froid

rhyfel / heddwch

guerre / paix

0

sero

zéro

1

un

un / une

2

dau

deux

3

tri

trois

4

pedwar

quatre

5

pump

cinq

6

chwech

six

7

saith

sept

8

wyth

huit

9

naw

neuf

10

deg

dix

11

un deg un

onze

12

un deg dau

douze

13

un deg tri

treize

14

un deg pedwar

quatorze

15

un deg pump

quinze

16

un deg chwech

seize

17

un deg saith

dix-sept

18

un deg wyth

dix-huit

19

un deg naw

dix-neuf

20

dau ddeg

vingt

100

cant

cent

1.000

mil

mille

1.000.000

miliwn

million

Saesneg

anglais

Saesneg America

anglais américain

Tsieinëeg Mandarin

chinois mandarin

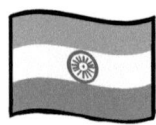

Hindi

hindi

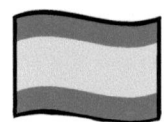

Sbaeneg

espagnol

Ffrangeg

français

Arabeg

arabe

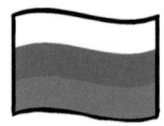

Rwseg

russe

Portiwgaleg

portugais

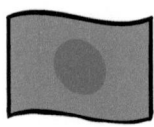

Bengali

bengali

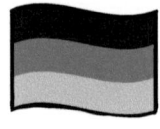

Almaeneg

allemand

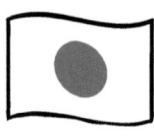

Siapanaeg

japonais

fi
je

ti
tu

ef / hi
il / elle / ce, c', cela

ni
nous

chi
vous

nhw
ils / elles

pwy?
Qui ?

beth?
Quoi ?

sut?
Comment ?

ble?
Où ?

pryd?
Quand ?

enw
nom

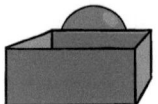

y tu ôl i

derrière

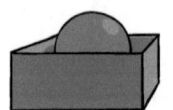

yn / yng / ym / mewn

dans

o flaen

devant

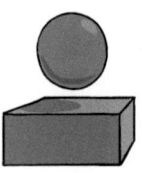

dros

au-dessus

ar

sur

dan

en-dessous

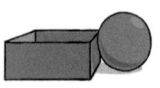

wrth ochr

à côté de

rhwng

entre

lle

lieu